الحُداء

أحمد بلمسـاك

الحُداء

شعر

إصدارات دائرة الثّقافة، حكومة الشارقة 2024 م

الناشر: دائرة الثقافة ـ حكومة الشارقة ـ الإمارات العربية المتحدة

الهاتف: 5123333 6 971+

البرَّاق: 5123303 6 971+

الموقع الإليكتروني: www.sdc.gov.ae

البريد الإليكتروني: sdc@sdc.gov.ae

811.9661

ب أ. ح

بلمساك ، أحمد

الحداء / أحمد بلمساك.ـالشارقة، الإمارات العربية المتحدة : دائرة الثقافة، 2024.

90 ص. ؛ 21X14 سم.

1. الشعر العربي ـ موريتانيا ـ دواوين وقصائد

أ. العنوان

ISBN:978-9948-767-24-4

سافري في دمي

سـافري في دمـي وبيـن جفوني

فأنـا لا أريـد أن تهجُريني

أنـتِ حقل مـن التصـوف حامتْ

بيـن أشـجاره طيـور الحنين

وأنـا الطائـر الـذي بـات يشـدو

هـائـماً بيـن دوحـك الميمون

فازرَعي لـي الورود في الغد إني

ضقت ذرعاً بما مضى من شجون

وعِديـني بالوصـل ليـلاً فإنـي

لا أريـد العُـذَّال أن يُبصروني

يا انبـلاجَ الصباحِ من جسـد اللَّيـ

ـلِ ويـا بـوحَ شـاعر مفتـون

خبرّينـي متـى يكـون التلاقـي

فيطيـبُ الهـوى لنـا كل حين

ونباهـي قيسـاً وليلى بحـبٍّ

بفنـون التقديس جـدُّ قَميـنِ

ونـردّ الزمـان طفـلاً بريئـاً

يتغنـى برائعـات اللحـونِ

ماذا جنيت

مـاذا جنيـتُ لألقـى منكِ مـا أجدُ

أم أن حبّـيَ مكتـوبٌ لـه أَمَـدُ

فـي كلّ يـومٍ أرى شيئاً يُقرّبنـي

إليـــكِ لكننـي مـا زلـتُ أبتعـدُ

مُحَـلاً أنا عن وردي وبي ظمــأً

وشـاردٌ أنا عن سـربي وقـد يَردُ

لا وصـلَ منـكِ أُرجيهِ فيسـعدُني

وما عزائـيَ إلا الصبـرُ والجَلَدُ

فإنمــا قــدَرُ العشــاقِ أن يَلجُــوا

بابَ العذابِ وأن يشَقوْا وأن يَجِدُوا

بحثتُ في صمتكِ المعسولِ عن لغةٍ

فناحَ في الصمتِ منكِ البلبلُ الغَرِدُ

لم يبق منا

لم يبقَ منا سوى بعضِ الحُشاشاتِ

ورونـقٌ مـن أفانيـن الصبابـاتِ

لم يبقَ منا سوى الأشلاءِ لَـملَمَهَا

ذكرُ الصهيلِ وتِرياقُ الـفُتوحاتِ

لم يبق منا سوى الأيك الذي سَجَعتْ

بـهِ حمائُـمنا غِـبَّ العَشِيَّـاتِ

كأنّ للدهـر ثـأراً بـات يطلُبُه

منـا فجرَّعَنَـا كأسَ المُلمّـاتِ

والأرضُ مِن تحتنا تَهوي وليس لنا

إلا النكـوصُ وتلميـعُ المـذَلّاتِ

أحلامُنـا في مهبِّ الريـح هائمةٌ

كطفلـةٍ رُمِيتْ فـي قلبِ مَوْمَــاةِ

نقارع الموت بالأطفال في دَعَــةٍ

فيحصِـد الغدرُ أزهـار الطفولاتِ

نُحنِـي الجبـاةَ لسفاحيـنَ ننعُتهمْ

بالصدق حيناً وبالإنصاف تاراتِ

نمشــي على طرقاتٍ من جماجمنا

كأنمــا دهرُنــا تاريـــخُ مأســاةِ

لم يبـق منا سوى حبـرٍ ومِئذنة

وسيد مـن بنـي مـروان نـكّات

أو شــاعر غـرّد الأوتــارَ أحْبطَهُ

أن ينفـقَ العمرَ يشـدو بين أمواتِ

لم يبق منا سوى الذكرى فيا أسفاً

أنــا شُـغِلنـا بماضينـا عـن الآتي

شكوى القصيدة

أرى القصيـدةَ في أسـمالِ أرملةٍ

كسـيفة البالِ من أين ومن لَـغَبِ

تشـكو إلـى المتنبـي ما ألـمَّ بها

من لوثةِ العُجْم أو من عُجمة العرب

تصيح في خدرها الليلـيّ واظمأى

هل سوف ألقى غداً من شاعر ذَرِب

يصون عرضي ويحمي صرح قافيتي

مِـن أن يُهَدَّ وأوزانـي من العَطَب

يُجيرنـي من طخى الألفاظِ عاريةً

ومـن معانٍ بـلا عطر بلا شـنبِ

ومـن بكاءٍ على الأطـلال متصلٍ

ومن هجاءٍ ومن مدحٍ ومن عتـب

قصيـدةَ اليوم لا تأسـيْ فـإن غداً

للناظريـن ملّيـاً جـدُّ مقتـرب

لسـوف يأتي زمانُ الشعر سيدتي

وتَشـمَخين على الأفلاكِ والشـهُب

هذي عصا المتنبي سوف تَقذفُ ما

قـد يأفكون مـن التلفيـق والكذبِ

أنا الشاعر في أنا الإنسان

يا شــاعراً ســاكناً بي مــا يفارقني

بــالله غنِّ عســاك اليــوم تُطربني

فإنني مــن زمــان خِلتُنــي حَجَراً

وذي المواويلُ ما عادتْ تُحرّكني

لا الحــبُّ يبعدُ مأســاتي فيُوردُني

صفوَ الحياةِ ولا الأشــعارُ تنفعُني

قد أُعدم الحسُّ في الإنسان واندثرتْ

مقاصرُ المجد في أهلي وفي وطني

لا صــوت إلا الأنا تعلــو مجلجلةً

في كل قلــبٍ بلا حبل ولا رَسَـنِ

أنــا تُباعُـد مـا بينــي وبينـك يـا

دنيـا الخرافـة والأوهـام والوثَنِ

قـد أمسكتُ بقلـوب لا رواءَ بها

فطوَّعتْهـا لمـا تهواهُ مـن عفَنِ

وأقبـل الزمـنُ العربيـد كالحــةً

وجوهُـه فإذا الأعراسُ كالـمِحَنِ

والأرضُ تابـوتُ أحلامٍ مضرجةٍ

بالإثـم بالقهـر بالتقتيـل بالفتنِ

الخيـر فيهـا محـالٌ حين تنشُـده

والشــر ينعِقُ في الأرياف والمدن

فـلا المدينــةُ تأوي مَـن يلوذ بها

مِــن التمــزق والتشــريد والوَهَنِ

وليس في الريف إلا الريحُ مُعولةً

والأوجه الغُبْرُ من بؤسٍ ومن شَجَنِ

كأنمــا لعنــة سوداءُ قـد سبقتْ

على الوجودِ فسـاقتهُ إلـى الإحَنِ

وَا لهفة الشاعرِ الموهوب ليس له

إلا الترنـمُ كالعصفـور فـي فَنَنِ

يودّ لو ساعةٌ قدسيّةٌ عَرَضـــتْ

تنـأى به عن طلول الكون والدِّمَنِ

إنـي تداويـتُ مـن ذاتـي بذاتكَ يا

هـذا الـذي أبـدَ الآبـادِ يسـكُنني

فـلا أراكَ ولكـنْ لسـتَ أُنكركُـم

ولا تَراني ولكـنْ لسـتَ تُنكرني

أنـا وأنـتَ أنـاً باتـتْ موحَّـدةً

والكـونُ متّحـدٌ فيها مـدى الزمَنِ

صنوانِ ما اجتمعا يوماً ولا افترقَا

وإن تجلّيـتَ فـي ذاتـي ولـم أكُنِ

التجلي

هل ما بعينيكِ من سحرٍ ومن حَوَرٍ

إلا ترانيمُ سرٍّ فيـك متَّقـدِ

أطـارد السـر في عينيـك آمُـله

فيختفي في وجـوه التيـه والرمَدِ

عينـاكِ نافورتَـا شعـرٍ وبينهمـا

ظِـلّ من الألق المحفـور في الأبدِ

تَوغلي في دماغي أمطري لغتي

إن شئتِ بالنار أو بالنور والبَـرَدِ

صُبّي مواويلك العذراء في شَفَتِي

عسـاي أغتبق الأسرار بالصرد

يا مرفأَ السـر هُزّيني بشعشـعةٍ

تُذيب قلبـي بباب الواحدِ الصمدِ

بيضُ التسـابيح في خديك أقرؤها

شـعراً يُشعشـع فيه الحزن بالخلَدِ

يا ليلةَ القدْر يـا عصفورةً عزفتْ

في مغربِ الروح نايَ الوجدِ والكمدِ

عُوجي على الملإِ الأعلى بأجنحةٍ

من جوهر السر تُذكي الروح بالجسدِ

تتنفسـي الغيـب يـا هيفـاءُ لألأةً
من الصفاء تُزيل الوحْل من كبدي

لـو قـد تجليـتِ يـا هيفـاءُ آونـةً
لصار طورُ الأماني مورق العَمَدِ

كـم فـي تَجلّيـكِ مـن رؤيـا معتّقةٍ
ومن غرانيقَ تسـتعلي على الزبَدِ

تبـارك العشـقُ في عينيـك أنفُخْه
صُـوراً لدهرٍ من الأشـلاء والنكَدِ

سـواحلُ الغيب بالآهات مشربــةٌ

فكَوْثِريهـا وصُبّيهـا علـى خلدِي

عسـاي أقمـر بالآمـاد باسمــةً

عن النَّبَواتِ تشـدو طيرهن غدِي

يـا أيهـا القدْسُ يا سِـرّاً تلبَّسـني

من أول الدهر ما انضمّتْ عليه يدِي

هَـلاَّ تبلجّـت عـن طـورٍ يُعانقُنا

فيه الصفاءُ ونَحسُـو خمـرة الأبدِ

الجنائز

إلامَ أعـدو وراء الغيب تمخر بي

فُلـكَ المواجع غاباتُ التماسـيحِ؟

نــاءٍ بظلِّــيَ عـن أهداب كاهنةٍ

تجلـو ابتسـاماتُها ليـلَ التباريـحِ

تَغيـم في صيف أحلامي مواجدُها

كالطفـل متكئــاً فـوقَ الأراجيـحِ

أرنــو إليهـا بلـون البـرق ملتمعا

مثـل الفـراغ على آفـاق تطليحي

أظَلَّ أغرس عشـقي في معارجها

لحنـاً تدغدغـه شبابة الـروح

صاغتـه مـن ملكـوت الله أجنحةٌ

خضـراءُ ذاتُ تراتيـلٍ وتسـبيحِ

سدَّت عليَّ نقوشَ الصوم أغنيةُ الـ

أَسرار حتى تلاشى الحُلْمُ في الريح

يـا بومـةَ القَـدَر الحافـي مطالعُهُ

كُفِّي عن النّوح بعضَ الليل أو نُوحِي

ففـي السـماوات كاساتٌ معتقـةٌ

من خمرة الروح جذلى ذات تجنيحِ

فارحلْ عن الأرض واسكنْ حيث شئتَ فما

في الأرض مأوىً لأرباب التصاديحِ

هــي اليبابُ فــلا مـــاءٌ بأربُعها

تشــفي بــه غُلــة بيــن الجوانيــحِ

قد عانق النحسُ فيها السعدَ وامتزجا

في ظُلةٍ من أساطيــرٍ وتوشيـحِ

لاذ العرائــسُ فيهــا بالجنائــز إذْ

أضحتْ مفــازةَ تقتيــل وتذبيــح

لــم تبـق للخلـد فيهـا أيُّ ملحمـةٍ

نرقــى إليهــا بإيمـــاء وتلميــح

في حومة الله أمضي خلفَ حوريةٍ

تبدو لعينـــيَ في قــرص التلاويح

ينســـاب منها على شطآن ذاكرتي

صوتٌ من اللازورد الغض والشيح

يصيح بي أنْ تَجَوهَرْ فالطريقُ مدىً

واستمطرِ الغيبَ دمعات المصابيح

عساك بالبيـنِ تَستذري النجومَ ضحىً

علـــى أرائكَ مـــن زهو التراويح

ما زلتُ في الغاب أشـــواكاً مبعثرةً

خوف السعالي فقدسي غير مفتوح

تموسقتْ حيرةُ الصعلوك ذاتَ مَساً

في خافقي فترامـى غصن ترنيح

مازلتُ في الغاب مصلوباً على رئتي

فـلا أُبيـنُ وما صوتـي بمبحوح

أستلُّ من شاهق الأحلام طيف غدٍ

يختـال بيـن تهاويمي وتسـبيحي

إلاَمَ أعـدو أفـي الآتـي ملائكـةٌ

من الجواهر تجلو سـدفة الروح؟

أم أن تعويذتي الوسنى قد انسحقتْ

خلفَ المسيح وغامت في رُؤى نوح

السر

ما زلـتِ في مدن الإعصار أغنيةً
زرقـاءَ تطفـح بالحـور الأماليـدِ
تمتدّ عيناكِ كالأسـرار في أفق الـ
أوحـال نشـوى بألـوان المواعيد
يحـدو سـناكِ بـدرب الله أخيلتي
إلـى غدٍ بضبـاب الغيب مسدودِ
فتسـتهيم بي الأشـعارُ حائـرةَ الـ
إيقـاعِ تصدح في ليـل التجاعيد
وأوجـهُ القـدر الشَّـوْهَا معلقةٌ
علـى ذراعيكِ في قفـر الأغاريد

تسـتيقظين وفـي عينيـكِ بارقـةٌ

مـن المسـيح وأصـوات العناقيد

وقد تسـمرتِ الأحزانُ واحتدمتْ

مغاربُ الشـوق في أيامِكِ السُّـودِ

واخلَوْلَقَ العالُـم العلويّ في غسقٍ الـ

أجـداثِ أن يتجلـى في أناشـيدي

يا هجعةَ السـر في قلبي يُسردقُها

مـن الفراديـس نبعٌ سـاحرُ العودِ

هلا تركتِ بساط الأرض ملحمةً

للعشـقِ ينفحُها مزمـار داودِ

يا لمســـةً من يدِ الحـــلاج طافحةً

بالوجد سِيلي على شطآن تسهيدي

إني هجرتُ أضـــاة النون منقطعاً

إلـــى خيال ببــاب العــرش معبود

ولـــم أزل ممسكاً بالوهـــم أنفُخُـــه

من جذوة الغيب في صمت الأباديد

أمـد كفــى لعلــي أحتوى شبحـــاً

لبلبـــل عن حياض المـــاء مصدود

فأنثنــي دونمـا سُـقياً تعللنــي

مُهَّومـــاً بيـــن أنفـــاق الجلاميـد

يســمو رَئيّــي بأنغامـي إلــى فلك

مــن المعــارج فــي قلبــيَ ممدود

فيمرُعُ الحزن إذ تكســو شــواطِئَه

غجــارةُ الماس ثوبــاً غير مجدود

دُقتْ نواقيسُ باب العشق فاقتربي

نــذوب فــي وطن للسُّــكر موعود

قد حلّقتْ فوقــه العنقاءُ وارتطمتْ

بكوكــب قُرمـزيّ الضـوء أملودِ

فاسّــاقطتْ رُجمُ الأشــباح من أفقٍ

نائي الظلال بــذات الغيب معقود

يا زورق السر هلا طفت بي جزراً

من الســنونو تُغَنّي لحن تشــريدي

أدر علـــيّ كؤوس الوجـد صافيةً

مـن ريـقٍ بفـم الأحقاب منشـــود

واســفحْ نداك غيوماً فـي مخيلتي

رفرافـةً كالتماعـات الأغاريـد

تلونتْ باخضرار الغيب أضرحة الـ

موتى فعجَّتْ بصَــرْخَاتِ المواليد

أغنية الثأر

إنــي تفجرت بركانــاً من الغضب

فســوف آخذ ثأري مـــن أبي لهب

لسوف أستأصل الطاغوت من حرمٍ

مـــا دان يومـــاً لظـــلّام ومغتصِب

هاتوا المشـــانق إني لســت أرهبها

لن تطفئوا في دمائي جذوة الغضب

ناديتُ من حِفرة البلواء معتصمـــاً

أن أقبِلـــنْ فُهلاكو صال باللّجـــبِ

بغدادُ وانتصب السيابُ يُنشـــدها

من سـفر أيوب بيتاً فاح بالقصبِ

ربـــاهُ أرجـــعْ على أيـوب طِلْبته

جيكورُ والشمس تعلو مفرق السهب

ورحتُ أسـمع صوتاً آخـراً عبقاً

بالثـأر يُـرزم مـن شـبابة الحِقبِ

يا من تريدون أن تمحوا حضارتنا

رمتم محالاً وجلـت أوجه العرب

إن العراق سـيبقى الدهر منتصراً

مهمـا تأبـط شـرّاً كل منتهِـب

يا بْـنَ الحسـين أما ناغتـك قافيةٌ

عصماءُ تُنشدها في المعرك الأشبِ

أم لم تزل في ربا بغداد تسأل عن

أخبـار خولة فـي أينٍ وفـي لغبِ

لا تبك خولةَ وابـك العُربَ قاطبةً

فقـد أُهينـوا وداسـتهم يـد النُّوبِ

عـاد التتـار إلــى أهليـك ثانيـةً

فاركب جوادك وابن المجد بالقَضَبِ

وليذكـر الغـرب أياماً لنـا غُـرَراً

كنا بها سـادة والغرب كالنّصبِ

أيامُنـا تلـك وَا لهفـيَ قـد أفَلَـتْ

فأصبحت نبرةً خرسـاءَ في الكتُبِ

مـن ذا يعيـد لنـا تاريـخ أمتنـا

لا تيأسـوا إن سـعداً جُدّ مقتـربِ

الحـــداء

تنَّزلَ من بُرج الأساطير في دمي

ملاكُ فِراشات الهوى المتناثر

فأرختْ عناكيبُ الظلام سدولَها

على وَتَرٍ في مَهْمَهِ الغيب حائرِ

وسجيت ذاكرتي مثقلاً برذاذ النجوم

الذي قد توشح بالمستحيل

ليعزفني الألق المتأرجح في أضلعي

مواويل مورقة بحنان الأفاعي

ونُسكر أضرحة الزمن القزم بالسنبلات

فيرسو سفين الحداء على الأفق الغجري

وتنتصب الريح ساهمة في السرير المضرج بالوحل

القمري

هناك يرف القلب ماء غمامة

تسحُّ بخلجان المنى والجزائر

ولم يبق من لمح السنا غيرُ جِذوةٍ

تخبئها الأيام في قلب شاعر

فاطلق جناحيكَ يا عنديليبَ الرؤى

في الفضاء الإلهي واصعدْ إلى جبل الصمتِ

ملتحفاً بالشروق

وأبحرْ على قارب من هُيام السراباتِ

تنبتُ في جانبيه الأعاصير

أنشودةً للرحيل إلى مدن من صبايا الورود

أيا وطناً يتلمّعُ برقاً من الحزن في مهجتي

ضُمَّني بسمةً تتفيأ أظلالك الأريحيات

فيكبر في مقتلِـيَّ الشقاءُ المقدسُ دوحاً من الوَهَجِ الغيبِ

أواه ها إنه الزورقُ الطينُ يرسو بقلبي سواقِيَ للتعب المستطابِ

العذراء

صفوةُ الغانيـاتِ أزمنـةُ الغـيِّ

تهـاوت علــى يـديْ عـــذراءِ

قـد تسـمرن بالجواهـر والآ

لِ وأشـرقن في سديم الضيــاءِ

وبلـون الصـلاة تبتسـم الأحْـ

ـزانُ في كل قبلـةٍ قمـراءِ

عتّقتْها الأيـامُ في شـفةٍ شُـدَّ

تْ إلـى المنتهـى بطيـنٍ ومـاءِ

وتهـادى علـى سـرير الأمانـي

ذكريـــات عشـــين بالأنـــداءِ

تبـدع الكائنـات حـوراً مـن الأنـ

سـام يطلُعـن فـي ظلال المسـاء

عندما شِـمْت من عروشـك برقاً

آلهيّـاً سـكرتُ بالأسـماءِ

في أسارير وجهك اخضَوْضرَ الوهْـ

ـمُ شـراعاً إلى غديـر الصفاء

فصبـاح الأسـرار يَهمي سيولاً

في صحـاري الدموع والأشـلاءِ

وارتعـاشُ الـرؤى تتنفسَ غيمـاً

من نشـيج الضحـى الوديع النائي

إذ تدفقت فـي عيــون العـذارى

سلسـلاً مـن قداسـة الأصفيـاء

فـإذا الموميـات تنفَـحُ قلبـي

بسـموم كحُمـرة الظلمـاء

قـد تَصوَّفْـتُ في مواجـدِ عَذْرا

ءَ فشَّـبتْ ملامـحُ العنقـاء

والخزايـا تناثـرت فـي كهـوف

مـن جحيـم تصـلّ بالأقـذاء

فازدهى اليأسُ في جبال الأماسي

وتنشَّـرْتَ فـي مرايـا النـداء

وصَعَـدْتَ الزمـانَ سُـلّمَ نـارٍ

يتلظـى علـى رُفـات الغنـاء

بـل ترنْحْـتَ قامـةً مـن غـوالٍ

فـي سـهوب الأغـلاس والأنواء

وبكفّيْـــكَ أنُهُـــرُ تتنـزّى

مــن دم الأنبيــاء والشـعراء

لَـمَسَتْ بالرُّقـى مواطـئَ طفـلٍ

فـي رؤى المدلجين عبر السـماء

أيهـذا القـدس المرابط كالمَــوَّ

الِ فـي أعيـن الصبايـا الوِضَــاءِ

مُـدَّ لـي من طلاسـم الكـون ظلاً

أتفيّــاهُ فــي ذرى الإغــواء

حلـمُ كأس مـن العطـور تَهجَّتُـ

ـهَا ريـاحُ الشـتاء بالأهـواء

أتحسـاها حينمـا تُقْفـر الأيّـ

ـامُ من خمرتي ومن نُدَمائِي

الشظايا

الريح تسـعُل في الـوادي كأن بها

مسّـاً من الجـن مزهوّاً بـه القَدَرُ

يفيضُ بالحـزن والفردوس يعزفه

خلـف المتاهـات نايـاً فيه أنتشــر

وللـنَّيازكِ آهـاتٌ مقطّعـةٌ

تفـورُ منهـا تفاهاتـي وتَسْـتعرُ

سـبيكةَ الله هل لي فيـكِ من وطنٍ

فإن رؤياي في المجهول تحتضـرُ

أنــى تلفــتُّ فالأشــباح راقصــةٌ
والأدمُــعُ القفر من عينــيَّ تنحدرُ
توسّــدُ الأرض نهديها مفزَّعــةً
على التراتيــل تهــوي ثـم تنتثر
وأسكرتْني الأماسي الحمقُ مُعوِلةً
حولي وغامت بي الأشباحُ والصورُ
وأخرســتْ كلّ مــوّالٍ تَهــيــم بــه
قصائدِي وتَشــظّى الشــاعرُ القَمَرُ

لكنَّ فــي مهجتِي القمــرَاءِ أجنحةً

مــن القداســة تغفــو تحتهــا الذِّكَرُ

تَطوي مجاهيــل أيامي لتلمس في

أشــلائها العطر والألوانُ تنصهرُ

فينبُتُ الياسـمين العشقُ في رئتي

وتسـتريحُ بـدارات المنــى الفكَرُ

فالكوكبُ الحَشرَيُّ الصوتِ منخسفٌ

ذاوي الخطى تتهاوى تحته العُصُرُ

بيني وبينك

بينـي وبينـك تمتـد الأخاديـدُ

أنـى التفَـتّ وتنهـار المواعيـدُ

أراكِ في ظَلَمُوت الغيب مشـرقةً

بالغيب حتى كأن الغيب مشـهودُ

وإن توسـمتُ منكِ القرب حَلأَني

غرابُ بيـنٍ بباب الخدر مشـدودُ

يـا من تنامين في أسـوار مملكتي

ألا تبوحيـن إن البـوح منشـودُ

ألا تهُبّيـن مـن أكمـام صمتـك يا

وجـهَ القصيـدةِ إني فيـك مولودُ

أنا المَـسَّحى على أوتـار قافِيتَيَ

ولـي علـى فَنَـنِ الأحـلام تغريد

مدائني التبغُ والأحـزانُ مبخرتي

ولـي مـع الليـل تنغيـمٌ وترديـدُ

يا منظرَ البحر في الأحلام يا امرأةً

تناسـختْ في ذراعيْهـا الأغاريـدُ

ألا تعوديـن مـن منفـاكِ ثانيـةً

فـإن قلبـي بمـا تلقيـن معمـودُ

بينـي وبينـك لـو تَدْريـنَ أزمنةٌ

تمـازج الملـحُ فيهـا والجلاميـدُ

وأنكرتْنـي لياليهـا وقـد بَرِمَـتْ

أيامهـا فهْـي تعذيـبٌ وتسـهيدُ

أنـا وأنـت كلانـا وجهُـه قِطَـعٌ

مـن المواجدِ والذكـرى التجاعيدُ

تحسّسِيني فقد تَجري الجداول في

أعماق نفسـي التي تنمـو بها البِيدُ

السأم

يطوي المساءاتِ في غاب السماديرِ

طفـل تخيـل بــه حـور الأسـاطير

تهذي الجنائز في أطلالٍ وحشتـهِ

وفــي رؤاه بأنفـاس النـوافيـرِ

تنمّل الشـوق في عينيه وامتلأت

أوصالـه بطفـولات الأزاهيـر

وقاحـةُ اللغـة العـذراء فـي فمه

قد صاغها الحزن أدغالاً من النور

وأحرقت سَـعَفاتِ الغيـب في يده

نـارٌ يؤججهـا لفـح الدياجير

وبـات يجتـرّ آثامـاً مقدسـةً

كأنهـا بعـض أشـواق الأعاصير

نوافـذ الصفو مـا تنفكُ موصدةً

دون الفتى فهـو مبحوحُ المزامير

لعـل أيقونـةً تخضـلّ فـي دمـه

فيحتسي من سـناها خمرة الطور

كيْمـا تفتّـق ذكراهـا بمهجتـه

عن عالم من صبايا النخل مستور

وتبرق النَّشَـوات الصحو في غده

عن جدولٍ في شعاب النفس محفور

ويمـرح السّـأم المنشـود أقبيـةً

مـن القداسـة عجّـت بالتباشـير

لتخفق الأرضُ بالأجداث مُشْـربةً

وقـد تنبّـذَت القيعـانُ بالحـور

تميـس بالحقـب الخرسـاء داميةً

تفيض عن سَـأم في النفس منشور

أنشودة الرحيل

هكـذا عشـت لا رحيـق لديَّا

لا غمـامٌ يـرف مـن شَفَتيَّا

حَطَّمـتْ زورقي الريـاحُ وعاثت

فـي دُنـا فرحتي فصـرتُ شَقيَّا

فالجـراحُ الجـراحُ تغمـر روحي

والأمانـي تغـور فـي مقلتيَّا

وشـموعي الوضـاءُ قـد أطفأتْها

هـذه العاصفـاتُ لـم تُبـقِ شَيَّا

وأغاريـدُ مهجتـي تتلاشـى

فـي ضريـح الهمـوم طفـلاً نديَّا

"

لــم أزل ســائراً ودربُ حياتــي

حجَبتْـهُ الأشــواكُ عــن ناظريـا

تائـةٌ فــي الظـلام أخطـو كئيبـاً

والــرُّؤى الحالمــاتُ تغفـو مَليًّـا

سائرٌ في الطريق من دون جدوى

والغيـوم السـوداء تطويـه طيًّـا

كم تسـاءلتُ مـن أنا مـا وجودي

واستحال السـؤالُ لغزاً عصيًّـا

حين يمضي القطارُ سلوى اذكُريني

فلقـد كنـتِ حلمـيَ العَسْـجَديَّا

آهِ سلوى يا روح روحِي الـمُعَنَّى

كيـف نحظى بعـد الفـراق بلُقْيَا

فأنــا لــم أجـدْ لروحـيَ مَغنـىً

بيـن هـذي الشـعاب يحلـو لديَّا

والضبـابُ الكثيفُ غطّى سمائي

مُؤْذِنـاً بالرحيـل يهتـف هَيَّـا

تداعيات امرأة

 مـا بـه صـار لا يَـودُّ لقائـي

هـل تـراهُ ارعـوى إلى حسـناءٍ

أم تـراني أغـضبتُـه بصـدودي

فجفانـي ويـا لَوقْـع الجفـاء

لـم يكـن مثـل عاشـقِيَّ القُدامى

مثلمـا كنـتُ لا ككل النسـاء

كنـت دومـاً خجولـةً وهْـو مثلي

كان يخشـى حتـى مـن الظَّلْمـاء

كنـت أقسـو عليـه بيـن الغواني

كيـفُ أقسو عليـه يـا لَغبائـي

وهو الأوحـد الذي اختـرتُ قِدْماً

ثـم نَزَّهتُـه عـن الشّـركاءِ

كنـتُ لا ألتقيـه إلا لِـماماً

هاهنـا عنـد جارتـي عفـراء

مـر عامـان لـم يزرنـي لمـاذا

آهِ يـا حيرتـي مـن الشعـراء

علَّه غـارقٌ بلُجـة إبـدا

عٍ فأنْسَـتْهُ لُجتـي وسـمائي

إنـه شـاعـرٌ أريـب ظريـف

وأنيـقٌ تهـواه كل النسـاء

حبـه مـا أزال أحتـار منـهُ

أعلـى الأرض قام أم في السـماء

الهـــروب

ذَكرْتُكِ لم يبق منك بذهنيَ غيرُ

التماعاتِ طيفٍ ضئيلْ

تأوَّبني في هزيع الدم المُتَمِّوج

بالأسئلهْ

تأوَّبَني حينما يتماهى الزمانُ

المقنَّعُ في وَهَج المرحلهْ

تأوَّبَني حين يرتفع الستر عن

صلواتِ الغمام وإذ نتنفسُ أهبَاءَ قُبَّرةٍ مُهْملهْ

ذَكرْتُك لم يبقَ منك

على شاطئ الجرح غيرُ اللآلئ

من بثِّ يعقوبَ تَملؤُني بالصفاءْ

لأبصر وجهكِ كالشعر أو كالغناءْ

وحين تغسَّلت

من ماء عُذْرة باغم روحي رفيفُ

السماءْ

ولكنْ رَحلْت ولم يبقَ منك سوى

حُلُمٍ وبقايا نداءْ

سوى لحظةٍ في مرايا التبلّج شارقة

بالدماءْ

70

وكنتِ تُطلّين كالشرفة الساهرهْ
على مُبْهمات المدى تتناغم في لحظةٍ
عابِرهْ
وتحفرُ أغنية الصمتِ في خَلَد البحر
كيما يثورَا
ليقذفَ بالجِيَفِ الآسناتِ ويمتدَّ
حولكِ سُورَا
أيا امرأةً تتوحّد فيها الروائحُ
واللونُ والنغمُ القزحيْ

تعريجة على نخلتي لورين

على نخلتـي لُورينَ عرّجْ وَسلّمِ

وأحْـيَ بهـا عهـدَ المحـبَّ المتيّم

وقـف نتمّلى الوصلَ غَضّاً وُقَلْ معي

مقـالَ أخينـا الشـاعرِ المتقـدّم:

أمرتجسَ الرعدِ اسـقِ ثوبانَ نخلَه

وأنجـادَه فـي كل فصل وموسـمِ

أذلك طيفُ الشاعر البِذعِ ما أرى

بأحضانِـه أحـلام عبْقـرَ ترتمـي

كأنـي بـه يختـال بيـن ربوعنـا

يناشـدنا الأشـعار غيـر مذمّـمِ

بجِـزعِ بنـي دامان طـوراً وتارةً

بـدار الثريـا والربـاب ومريـم

أيا مـــاردَ الحرف الذي مـــلأ الدُّنا

حنانيـــك هل غادرتَ من متـــردمِ

يميناً لأنـــتَ الواهبُ الشعرَ لونَه

وحاميه من لوثاتِ غُمْرٍ وأعجمي

لئن وقفَ القلـــبُ الذي كان نابضاً

لَثَمَّـــة شـــيءٌ منكَ لـــم يتحطَّمِ

حكايـــاكَ والحرفُ الذي قد لبستَهُ

فطُفتَ بـــه دنيـــا الخيـــال المهوّمِ

أنا أنت والشـــعرُ اندغمنا ولم نزلْ

كمـــا أنـــتَ لـــم نَهـــرمْ ولـــم نتخرم

وللشِّـعر أرحـامٌ تشُـدّ قلوبنـا

ولـو أننـا طـرّاً لآدمَ ننتَـميَ

فلا تَخشيَـنْ للبين بطشاً وإن يكُنْ

مَخوفاً ولا تذرفْ دموعَك واسْـلَمِ

فأنـتَ بجنـات الخلـود منعَّـمٌ

تَهـادى إليك الحـورُ فاغنم وأكرِمِ

وعانق حميـداً في الجنـان وبَارِه

وأشـهدْ إذا مـا فُقْتَـه كلّ مسـلمِ

فما أروع الإنسـان يَفنَـى فيبتدِي

ليولـدَ كالعنقـاء لـم تتصـرَّمِ

هديل الفصول الفارغة

وكان لنا موعدٌ في الضفاف التي أَنْبَتَتْكِ نخيلاً

من الوجد مُبتهِلاً باللظى المتلفّع بالذكرياتِ الظِّلالْ

لعلّ الجداولَ تحلُم في شفتيْكِ بأزمنة الغارِ

تزهو على شفق المستحيلِ لتخفق أحلامنا العرس

في مقلتيْكِ بترنيمة الطائر الوهمِ يمرح في جَنَباتِك

منتشياً بخواء النجوم الذي قد تبلّج بالصعاليك

يَستمطرون الهوى في فراغِ الفصولْ

يَهيمون بالذكريات الشوادي على سُمُر في عراء القلوبْ

فتنعم في ظُلة الفرح المتغسل بالضوء عيناكِ تقتنصان الهواجرَ

طيراً من الحزن تذرع هذا المدى بالصديدْ

السراب

خفقتُ بالحور في صحراء ذاكرتي
وللغيــوب حفيفٌ شـاع فــي أُفْقي
تَلُفّنــي الظُّلْمــةُ البيضــاءُ تُنِبتُني
بيــن القمامــات أدواحاً مــن الفَلَقِ
الأرضُ تمتــصُّ أنغامــي خنادقُها
حتــى أفِــرَّ بأطيافــي مــن الغَرَقِ
فيسـتفيق نشـيد الخُلد فــي شَفَتِي
ويكبــرُ الحزنُ طوفانــاً من الألقِ

قـد كفَّنَ الصـومُ والصبارُ أخيلتي

ورحتُ أرسـم آهـاتي علـى النَّفَقِ

وسـدرةُ الله مـا انفكّـتْ تهـيـم بها

أسـرابُ شوقٍ على رجليَّ مُنـسحِقِ

فهبَّ قلبي سمـومـاً سلسـلاً عطراً

مثل السرابات قد حطَّتْ على الشفق

والشوكةُ الوردُ في صـدري يُرنّحُها

صمتُ المسـاءِ أهازيجاً من القلَقِ

أنشودة طائر في وادي الظلام

يـا حلوتـي أنـا بـالآلام أَلتَحِـفُ

وأنتِ بين ضلوعـي روضةٌ أُنفُ

رحماك بي فيدُ السـعلاة تصفَعُني

وكلُّ حظـي من الدنيا هـو التَّلَفُ

هنـاك بين فِجـاج الصمت تنهرني

زوابـعُ الألـم الظمـآن والسّـدفِ

ضاعت حماماتُ أشواقي التي كبِرَتْ

في خافقي واحتوى أفنانَها الصّلفُ

تَعوي الكهوفُ بأوصالي فتُزعجني

ويَحتوينـي دِثـارُ الليـل والجيَفُ

وتستبيحُ أريــجَ الله في جسـدي

فأختفي كالرؤى العطشى وأنكسف

ومــا تزالين طاووساً ألـوذ بـه

في عتْمةِ الصبح إن لم تُؤْوني الغُرفُ

هَـلّا تُعِدين لـي في الخلــف متكأً

فقد تعبتُ وأضنى جسـميَ الكَلَفُ

غاضتْ جداولُ أيامي التي اندفقتْ

فلم يعد في نُخيلات الهوى سـعفُ

ومَوْسَـقتْنِي فراشـاً حائـراً فَزِعاً

منها فقلبي لأسـياف الأسى هَدَفُ

نَبَتُّ في الجبل العاري نسـيمَ صَباً

ولا أزالُ بـه كالظـل أعتكـفُ

تهويمات عاشق

يـا غـزالاً أحـمَّ قـد صـاد قلبـي

يـوم أبصرتـه حنانـك مهـلاً

أشـفقي من تعذيـب صَـبّ مُعَنّىَ

بـات يدعـو لـك الإلـه وظـلاً

لا تخافـي أن يَذكُـروك بسوء

أنـتِ أغلى النسـاء طرّاً وأحلـى

إن يكُـن حبّـكُ المقـدسُ ذنبـاً

مرحبـاً بالذنـوب فيـك وأهـلاً

مـا لعينيْـك أسـكرتنيَ حتّـى

خِلـتُ حوريـةً هنا تَتَجَلَّـى

فَهَبِيني رباب لاقيتُ أخرى

أتظنيــــنَ أننــي أتسلَّــى

عـن تَثَنيّـكِ عـن حديثكِ وَهناً

وتَــمشّيكِ فـي الأزقـة جذلى

دُثِّرينـي رباب بضـعَ ليـالٍ

وصِلِينـي أصلكِ ظُهراً وليــلَا

أفِهمـي العاذليـن أنـي وفــيُّ

لستُ أخشى في الحب لوماً وعذلَا

أنـا مهمـا ظلَمْتنـيَ لا أبالي

كلُّ ظلـم في الحب يُحسـبُ عدلَا

يا سقى الغيثُ أربُعاً أنتِ فيها

ورعــــى الله نبتهـا المخضـــلَّا

فلقــــد فــاز بالســعادة حَقّـــــاً

كل مــن صــام حيثُ أنتِ وصلَّـــى

إن تَخلَّــى الرجـــال عمَّـنْ أحبُّوا

فأنـــا عن هـــواكِ لــن أتخلَّـــى

أنـــا أهـــواك يـا رفيقـة دربــي

جســداً رائعـــاً وقلبـــاً وعقــــلَا

ليسَ حُبِّيــكِ حُــبَّ شــكلٍ ولكـنْ

حــبّ روح تَفُـوق لونـاً وشـكلَا

أنـتِ روحٌ عُلويـةٌ قـد تهـادتْ

تزرعُ العشــق فــي الجوانح نَخلَا

إننـا عاشـــقان جـــلَّ هَوَانَـا

أن يُسـاوى بحبِّ قـيسٍ وليلَـى

فَصلـي يا ريحانةَ القـلب صَبّاً

دمُـهُ فـي سـبيل عشـقكِ طُـلَّا

الفهرس